Bertl Wehrle

Selbstgestrickte PUPPEN

Materialien und Arbeitsanleitungen

FALKEN VERLAG

Inhalt

CIP-Kurztitelaufnahme der Deutschen
Bibliothek

Wehrle, Bertl:
Selbstgestrickte Puppen: Materialien u. Arbeits-
anleitungen / Bertl Wehrle. – Nachaufl. –
Niedernhausen/Ts.: Falken-Verlag, 1984.
(Falken-Bücherei)
ISBN 3-8068-0638-1

ISBN 3 8068 0638 1

© 1982 by Falken-Verlag GmbH, 6272 Niedernhausen/Ts.
Titelbild: Axel Ruske
Die Ratschläge in diesem Buch sind von Autor und Verlag sorgfältig erwogen
und geprüft, dennoch kann eine Garantie nicht übernommen werden. Eine
Haftung des Autors bzw. des Verlages und seiner Beauftragten für Personen-,
Sach- und Vermögensschäden ist ausgeschlossen.
Fotos: Hans Berndt, Axel Ruske
Illustrationen: Gabi Grübl
Satz: Bauer & Bökeler Filmsatz GmbH, Denkendorf
Druck: Offset-Team Zumbrink, Bad Salzuflen

817 2635 44

Puppen zum Liebhaben

»Puppen sind wichtige Erziehungsmittel.
Sie sollen Kinder nicht zum Pomp
erziehen, sondern in ihnen das Wichtigste auf dieser
Welt, nämlich Liebe und Zärtlichkeit, erwecken.«

Käthe Kruse

Liebe und Zärtlichkeit – das will in unsere heute so schnellebige, hochtechnisierte Welt nicht mehr so recht passen. Aber es ist nicht nur der Hauch von Nostalgie, der uns rührt, sehen wir Puppen im Heck eines Autos oder in der Wohnung auf dem Sofa; bei ihrem Anblick erfaßt auch große Kinder, Erwachsene, ein Gefühl der Sehnsucht nach vergangenen Kindheitsträumen.

Die technisch raffinierten, auf Knopfdruck reagierenden Puppen sind es gewiß nicht, welche Liebe und Zärtlichkeit aufkommen lassen. Wir wissen um die Erfahrung, wie schnell die erste Begeisterung für die perfekte Puppe nachläßt; denn zum Entsetzen schon unserer Eltern haben wir die verwaschene, angestaubte alte Lumpenpuppe hervorgekramt, um sie zärtlich zu verhätscheln.

Dieses Buch möchte denjenigen, die mit etwas Geschick und Fleiß, mehr noch mit vielen eigenen Ideen und Vorstellungen, Puppen gestalten möchten, Anleitungen und Anregungen geben.

Zu Anfang werden einige Puppen vorgestellt, die alle nach einer einfachen Grundform zu stricken sind, und auf ein paar Runden mehr oder weniger kommt es dabei auch nicht an. So können schon Kinder und Jugendliche ihre Lieblingsfigur aus der Märchenwelt selbst nachgestalten.

Für die »richtigen« Puppen wird ein Puppenkörper benötigt. Anhand der Zeichnungen und Beschreibungen läßt er sich leicht anfertigen.

Die Kleidungsstücke sind mit Maschenzahl, Maschenart, Maßen und häufig noch mit einer Schnittmusterzeichnung erklärt.

Mit etwas Liebe zur Handarbeit und diesen Anleitungen werden bald kleine Meisterwerke nach eigenen Entwürfen entstehen, die große Freude bei jung und alt auslösen und damit jene Liebe und Zärtlichkeit erwecken, von der zu Anfang die Rede war.

Abkürzungen:

abk. = abketten
abn. = abnehmen
anschl. = anschlagen
f. M. = feste Masche
K. = Karo

li. M. = linke Masche
Luftm. = Luftmasche
R. = Reihe
zun. = zunehmen

Arbeitsgeräte

Der größte Teil der benötigten Arbeitsgeräte dürfte in jedem Näh- oder Handarbeitskorb vorhanden sein. Sollte das eine oder andere jedoch fehlen, so ist dessen Anschaffung erschwinglich.

Für den Anfang reicht ein Nadelspiel, bestehend aus fünf gleichen Nadeln. Einige Stricknadeln mehr, vielleicht auch von unterschiedlicher Stärke, können nicht schaden.

Zwei Häkelnadeln verschiedener Stärke sollten zumindest vorhanden sein.

Praktische Hilfe leistet ein Maschenraffer, doch Sicherheitsnadeln erfüllen den gleichen Zweck.

Unentbehrlich ist eine Näh- und Stopfnadel. Auch ein paar Stecknadeln werden ab und zu gebraucht.

Eine große und eine kleine gebogene Schere und ein Zentimeterband gehören zum notwendigen Rüstzeug.

Für die verschiedenen Puppenkörper und Kleidungsschnitte legt man sich Zeichenpapier, Lineal und Stifte zurecht.

Das dürften die wichtigsten Arbeitsgeräte und Hilfsmittel zur Herstellung der Puppen sein.

Mit einem Pomponapparat (Pomponset) lassen sich hübsche kleine Stoff- und Wolltierchen herstellen. Die Anschaffung lohnt sich für den, der schneller und müheloser viele Pompons anfertigen will.

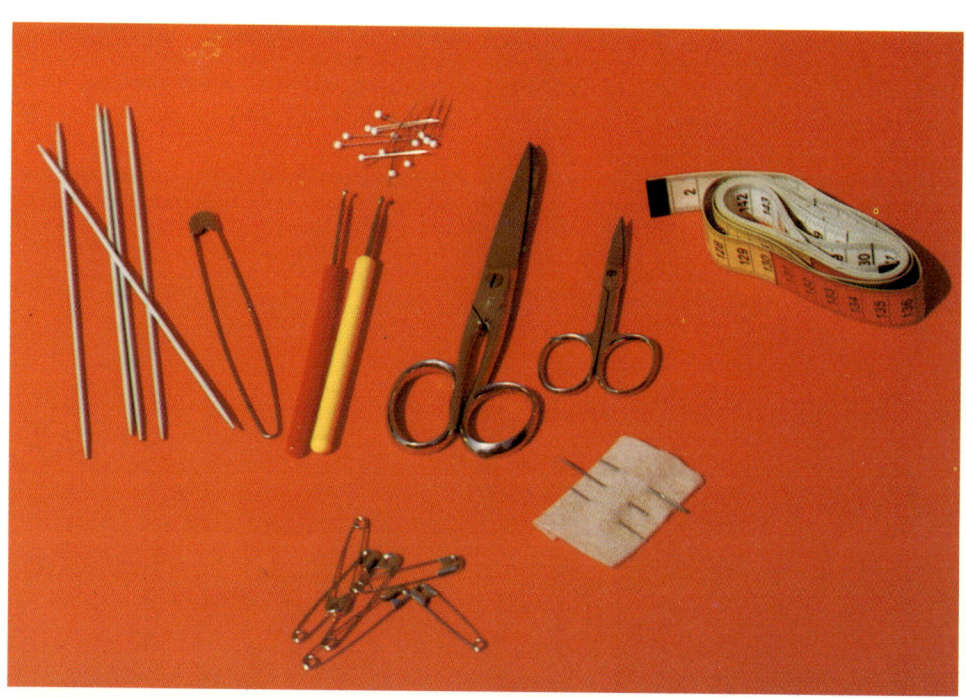

Arbeitsgeräte

Materialien

Für eine Puppe von etwa 40 cm Grö-ße benötigt man 50 g nicht zu dicke Wolle, Schaumgummiflocken, 0,5 cm starke Schaumgummiplatten, Kunstfa-serwatte (letztere sind in Teppich-fachgeschäften oder Kaufhäusern er-hältlich) und einen ausgedienten Per-lonstrumpf.

Für die Kleidung besorgt man sich Nähgarn, Fadengummi und Wolle; für die Augen Perlen, dann noch Stofffar-be, Filz, einen roten Wachsmalstift für Wangenrot und etwas Wolle für Au-genbrauen, Nase und Mund.

Die Haare bestehen aus Wolle oder Webpelz, die Verzierungen aus Bor-ten, Spitzen, Knöpfen und Kordeln.

Abfallstoffe gibt es in jedem Haus-halt, das eine oder andere davon läßt sich für unsere Zwecke bestens noch verwenden.

So zum Beispiel: Plastikdeckel ver-schiedener Dosen und Gläser, aus de-nen man Einlegsohlen zurechtschnei-det; Plastikdeckel von Film- oder Spraydosen, die als Hauben oder Hut-einlagen zu gebrauchen sind; bunte Verpackungsnetze für Hutschleier; Verschlüsse von Sandaletten und Armbanduhren als Gürtelschnallen.

Auch alte Handschuhe, unmoderne Taschen oder anderes Ledermaterial sollte nicht achtlos weggeworfen wer-den, denn Schuhe oder Lederjacken können mit einigem Geschick daraus angefertigt werden.

Materialien

Bekannte Stars

Kinder werden diese fröhlichen Figuren sofort ins Herz schließen. Denn immerhin sind sie alle gute Bekannte – Ernie, die Mainzelmännchen, Biene Maja, Willi und die Schlümpfe.

Wer sie zum Leben erwecken will, braucht nur nach unserer Anleitung munter drauflos zu stricken.

An Material werden bunte Wollreste, Watte zum Ausstopfen, etwas Filz für die Augen, ein paar Perlen, ein Nadelspiel, eine Häkelnadel, Sicherheitsnadeln zum Festhalten der Maschen und eine Stopfnadel benötigt.

Das Grundschema ist für alle Puppen gleich. Man strickt in Runden glatt rechts und beginnt immer mit den Füßen. Wer sich fürs erste an die Angaben hält, dem kann nichts schiefgehen. Später kann man dann die Größe der Spielfigur durch den Anschlag der Maschen und die Anzahl der Runden selbst einteilen und bestimmen.

Nehmen Sie in jedem Fall eine Maschenzahl, die sich durch vier teilen läßt. Dann geht auch das Abnehmen der Kopfform einfach. Beginnen Sie stets an einer Seitenkante des Kopfes.

1. Nadel: 1 Masche stricken, 2. und 3. Masche zusammenstricken;
2. Nadel: am Ende die 3. und 2. letzte Masche zusammenstricken, letzte Masche stricken.
3. Nadel: wie die 1. Nadel.
4. Nadel: wie die 2. Nadel.

Nach dieser einfachen Fertigungsweise lassen sich noch viele Phantasiefiguren aus der Märchenwelt greifbar machen. Wie wär's zum Beispiel mit den sieben Zwergen?

Biene Maja und Willi

64 Maschen Anschlag. Dann glatt rechts 26 Runden in hautfarbener Wolle stricken. Anschließend 7 Runden braun, 7 Runden hautfarben, 7 Runden braun, 7 Runden hautfarben, 7 Runden braun.

Für das Gesicht 30 Runden hautfarben stricken, bei den nächsten 9 Runden jeweils 4 Maschen abnehmen und die restlichen 28 Maschen abketten.

Dann die Kopfnaht von links schließen, ausstopfen und abbinden. Den Körper ebenfalls ausstopfen und Arme und Beine absteppen.

Für die Fühler ein 15 cm langes Stück von einem Pfeifenputzer nehmen, in den Kopf einstecken und durchziehen. Mit feinen Fadenstichen befestigen. An den Fühlerenden eine Holzperle ankleben. Augen und Mund aus Filz annähen.

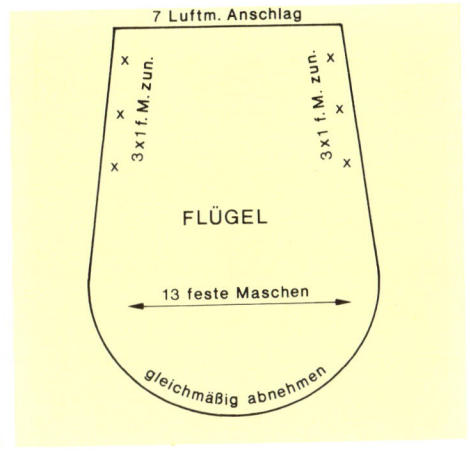

```
                    7 Luftm. Anschlag
         x                              x
      x                                   x
   3 x 1 f. M. zun.          3 x 1 f. M. zun.
      x                                   x
         x                              x

              FLÜGEL

         ◄── 13 feste Maschen ──►

           gleichmäßig abnehmen
```

Maja hat außerdem einen Lockenkopf aus Wolle: Einen längeren Wollfaden in eine Stopfnadel einfädeln. Mit dem linken Fadenende über dem linken Zeigefinger jeweils einige Schlingen legen. Diese dann zwischen Daumen und Zeigefinger festhalten und mit kleinen Stichen annähen.

Für die Flügel je 7 Luftmaschen anschlagen. Darüber werden feste Maschen gehäkelt. Rechts und links in jeder 3. Reihe je 1 Masche zunehmen, insgesamt 3mal. Ab der 19. Reihe von beiden Seiten her gleichmäßig abnehmen, so daß eine Rundung entsteht. Den Flügel mit einer Reihe fester Maschen umhäkeln.

Biene Maja und Willi

Ernie

Der Rollkragen hat eine Höhe von 16 bis 20 Runden in Gelb. 1 Masche rechts und 1 Masche links stricken.

Gesicht und Kopf bilden den zweiten Teil. Schlagen Sie wieder 72 Maschen an, und stricken Sie 30 Runden in Orange. Bei den nächsten 11 Runden wie oben beschrieben jeweils 4 Maschen abnehmen. Den Rest abketten.

Für die Ohren 6 Luftmaschen anschlagen, die Luftmaschenkette mit 12 festen Maschen umhäkeln und 4 Runden feste Maschen darüberhäkeln.

Für die Nase mit roter Wolle 3 Luftmaschen anschlagen und zu einem Ring schließen. In den Ring 5 feste Maschen häkeln. In der 2. Runde die Maschenzahl verdoppeln und 5 Runden feste Maschen darüberhäkeln. Die fertige Nase mit Watte ausstopfen.

Nähen Sie die Figur zusammen, indem Sie die Kopfnaht von links schließen und den Kopf in den Pullover nähen. Mit Watte ausstopfen. Arme, Beine und Füße mit Steppstichen abnähen. Nase und Ohren annähen. Augen aus Filz annähen und mit roter Wolle einen großen Mund sticken. Den Kopf krönt ein angenähtes Fellstückchen.

Schlümpfe

Diese 3 Schlümpfe sollen beispielhaft zeigen, wie sich alle die anderen Puppen aus dieser Gruppe vergrößern lassen.

Beim mittleren Schlumpf werden Maschenanschlag sowie die Runden verdoppelt; Ohren, Nase und Schwanz werden gleichfalls größer gehäkelt, das gleiche gilt für Mütze und Schal. Auch die Augen werden entsprechend größer ausgeschnitten und der Mund doppelt so lang gestrickt. Beim großen Schlumpf werden Maschenanschlag und Runden verdreifacht, Ohren, Nase, Schwanz und alles andere ebenso.

Er wird in zwei Teilen gestrickt. Der erste Teil besteht aus Füßen, Hose und Pullover mit Rollkragen. Schlagen Sie dafür 72 Maschen an, und stricken Sie glatt rechts weiter: 10 Runden in Orange für die Füße, 40 Runden in Blau für die Hose; für den Pullover 4 Runden dunkelblau, 2 Runden weiß, 4 Runden rot, 2 Runden weiß. Dann die Reihenfolge wieder mit Dunkelblau beginnen, bis Sie 60 Runden erreicht haben.

Für den kleinen Schlumpf 36 Maschen anschlagen und in Runden mit weißer Wolle glatt rechts stricken. Nach 20 Runden die Farbe wechseln. Wenn 22 Runden in Blau gestrickt sind, werden 7mal je 4 Maschen abgenommen. Die restlichen 8 Maschen dann abketten. Für die Ohren anschließend mit blauer Wolle 4 Luftmaschen anschlagen und mit 8 festen Maschen umhäkeln. 2 Runden darüberhäkeln.

Für Nase und Schwanz mit blauer Wolle 3 Luftmaschen anschlagen und zum Ring schließen. In den Ring 5 feste Maschen häkeln, darüber noch 3 Runden und dann ausstopfen.

Für den Schal 4 Maschen in Weiß anschlagen und etwa 25 cm kraus stricken.

Für die Mütze 36 Maschen in Weiß anschlagen. 12 Runden glatt rechts stricken. In der 13. Runde 4 Maschen abnehmen. Das Abnehmen 7mal in jeder folgenden 3. Runde wiederholen. Die restlichen Maschen abketten. Die Mütze von links zunähen und an die Spitze einen Pompon annähen.

Die Kopfnaht von links schließen, den Kopf ausstopfen und abbinden. Arme und Beine absteppen und ausstopfen. Die Füße zunähen. Ohren, Nase und Schwanz annähen. Augen aus Filz annähen und mit roter Wolle einen Mund sticken. Die Zipfelmütze leicht an den Kopf annähen, nach vorne umlegen und mit wenigen Stichen befestigen. Den Schal umbinden.

Schlümpfe

Fünf kleine Mainzelmännchen

Für die lustigen Burschen werden je 50 Maschen angeschlagen. 7 Runden in dunkler Wolle für die Schuhe rechts stricken, dann Farbwechsel und 20 Runden für die Hose. Der Pullover wird wieder in einer anderen Farbe über 20 Runden gestrickt.

Für das Gesicht nehmen Sie möglichst hautfarbene Wolle. Nach 16 Runden beginnt dann sofort die Mütze. In diesem Fall wird seitlich nicht abgenommen, sondern 14 Runden gerade hoch gestrickt. Jetzt abketten.

Die Mütze von links mit einem Wollfaden zusammenziehen und vernähen. Einen Pompon auf die Mütze nähen. Nun den Kopf mit Watte ausstopfen und mit einem Wollfaden abbinden.

Arme bis zur Taille mit Steppstichen abnähen, Arme und Oberkörper fest ausstopfen. Dann die Beine absteppen und ebenso ausstopfen, die Füße der Länge oder Breite nach zunähen.

Die Ohren sind lauschend nach vorn gestellt. Dazu werden über 3 Luftmaschen 6 Stäbchen gehäkelt.

Zum Schluß die Augen aus Filz zurechtschneiden und annähen, die Haare aus etwa 8 cm langen Wollfäden am Hinterkopf einknüpfen.

Nun bekommen unsere munteren Mainzelmännchen noch Accessoires; Knöpfe, Schals und einer eine Drahtgestellbrille.

Puppenkörper

Der Puppenkörper wird aus dem Oberkörper mit Kopf, den Armen und dem Unterkörper mit Beinen gefertigt. Alle Teile strickt man mit hautfarbener Wolle in Runden glatt rechts.

So sieht der fertige Puppenkörper aus

Oberkörper mit Kopf

Als Taille 50 Maschen anschlagen. Da die Maschenzahl nicht durch 4 teilbar ist, werden die Maschen wie folgt aufgeteilt: je Nadel für Vorder- und Rückseite 12 und 13 Maschen. Dann 7 cm gerade hochstricken.

Für die Schultern wird – von der Seitenkante ausgehend – so abgenommen:

1. Nadel: 1. Masche stricken, 2. und 3. Masche zusammenstricken;
2. Nadel: am Ende die 3. und 2. Masche zusammenstricken, letzte Masche stricken;

3. und 4. Nadel: das gleiche Abnehmen wiederholen.

In den nächsten 7 Runden werden in gleicher Weise je 4 Maschen abgenommen. Über den restlichen 18 Maschen dann 4 Runden für den Hals stricken.

Dann für den Kopf genauso wieder zunehmen, wie an den Schultern abgenommen wurde, jedoch nur in jeder 2. Runde, bis es wieder 50 Maschen sind. Darauf 4–5 cm gerade hoch stricken.

Nun genauso abnehmen wie an den Schultern, bis noch 22 Maschen insgesamt vorhanden sind; diese auf einmal abketten. Kopfnaht von links schließen.

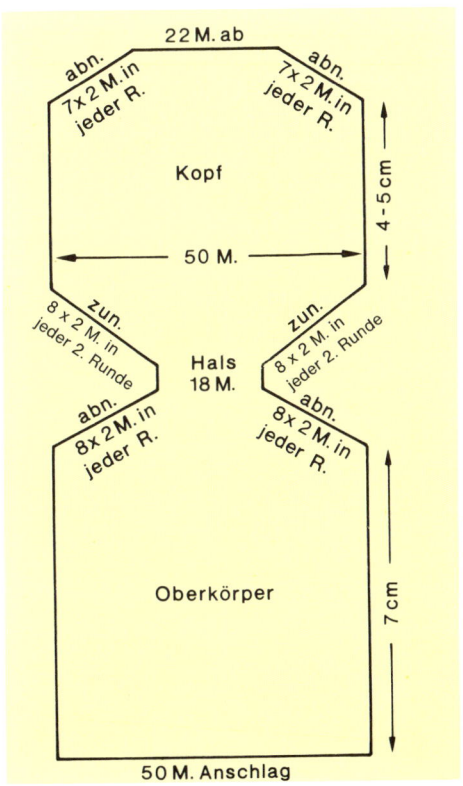

Unterkörper mit Beinen

Auch hierbei 50 Maschen anschlagen und in Runden stricken. Bei einer Länge von 8 cm wird die Arbeit geteilt. 25 Maschen auf Sicherheitsnadeln nehmen und die anderen 25 Maschen auf 3 oder 4 Nadeln verteilen.

Jetzt das 1. Bein etwa 15 cm bis zur Ferse stricken, dabei an der Innenseite 3mal 1 Masche abnehmen (siehe x in der Zeichnung).

Die Ferse wie folgt fertigen: 10 Maschen für den oberen Fußteil ruhen lassen; für die Ferse über 12 Maschen 6 Reihen glatt hoch stricken.

Die Maschen in 3 Teile teilen. Das 1. Drittel ganz, das 2. Drittel bis auf die letzte Masche rechts abstricken. Diese Masche mit der 1. Masche des 3. Drittels rechts verschränkt zusammenstricken. Arbeit wenden.

1. Masche abheben, links weiterstricken, letzte Masche der Mitte mit der 1. Masche des 1. Drittels links zusammenstricken, wenden. 1. Masche abheben.

Weiter die jeweils letzte Masche der Mitte mit der 1. Masche der Seite zusammenstricken, bis alle seitlichen Maschen weg sind.

Jetzt haben wir noch 4 Maschen auf der Nadel. Nehmen Sie auf beiden Seiten der Ferse 3 Maschen neu dazu und die ungestrickten 10 Maschen des Oberteils ebenfalls. Diese 20 Maschen für den Fuß auf 4 Nadeln verteilen und in Runden 2 bis 3 cm glatt rechts bis zur Fußspitze stricken.

Dann beginnt man, von einer Seitenkante ausgehend, durch gleichmäßiges Abnehmen die Fußspitze:

1. Nadel: 1 Masche stricken, 2. und 3. Masche zusammenstricken.

2. Nadel: am Ende die 3. und 2. Masche zusammenstricken, 1. Masche stricken.

Bei der 3. und 4. Nadel wiederholt sich das gleiche Abnehmen.

In den nächsten Runden das Abnehmen noch 2 mal wiederholen. Die restlichen Maschen abketten und die Fußspitze von links vernähen.

Das 2. Bein wird ebenso wie das 1. gestrickt. Bei der Maschenteilung der Beine entsteht eine Lücke, die von links vernäht wird.

Arme

Für die Arme je 20 Maschen anschlagen und gleichmäßig auf 4 Stricknadeln verteilen. In Runden 11–12 cm glatt rechts stricken.

Anschließend für die Handspitze genauso abnehmen wie bei der Fußspitze beschrieben. Handspitze von links vernähen.

50 M. Anschlag

Unterkörper

8 cm

Arbeit   teilen

25 M.   25 M.

23 - 24 cm

3 x 1 M. abn.   3 x 1 M. abn.

Bein   Bein

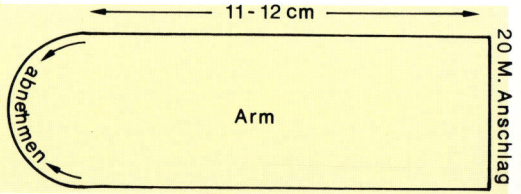

11 - 12 cm

abnehmen

Arm

20 M. Anschlag

Fertigstellung des Puppenkörpers

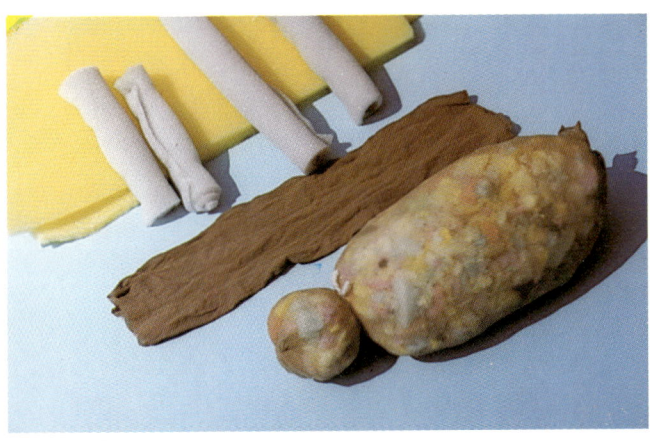

Die gestrickten Teile von zwei Puppenkörpern

Ein 30 cm langes Stück Perlon-strumpf wird mit Schaumgummiflok-ken gefüllt. Das eine Ende vor dem Füllen, das andere nach dem Füllen zuknoten.

Nun bindet man mit einem Wollfa-den etwa 5–6 cm der Länge ab. Dieser kleinere Teil wird in den Kopf ge-steckt und gibt ihm dadurch einen fe-sten Halt.

Der Puppenkörper wird mit Schaumgummi ge-füllt.

Jetzt füllt man den Kopf um die Schaumflocken herum gleichmäßig mit Kunstfaserwatte aus, dabei lassen sich Wangen und Kinn mit kleinen Wattekugeln betonen.

Auch Hand und Fußspitzen werden mit Kunstfaserwatte gefüllt.

Für Arme und Beine rollt man die abgemessenen und zurechtgeschnittenen Schaumgummiplatten zusammen und schiebt sie in Arme und Beine ein.

Den gestrickten unteren Körperteil über den restlichen Schaumgummiflockenstrumpf stülpen. Der große Teil des gefüllten Strumpfes füllt so Ober- und Unterkörper aus.

Schultern und Gesäß mit Kunstfaserwatte etwas betonen und beide Teile in der Körpermitte zusammennähen.

Dann die Hände abbinden und die Arme mit einem Steg annähen: Wollfaden mit mehreren Stichen zwischen Körper und Arm spannen. Mit einigen Knopflochstichen umnähen. So bleiben die Arme beweglich und stehen nicht steif vom Körper ab.

Das große Modespiel kann beginnen: Mut, etwas Wolle und viele Ideen!

Die Arme werden mit Stegen an den Körper genäht

Harlekin

Den Auftakt zur großen Zirkusschau macht dieser lustige Harlekin im eleganten schwarz-weißen Kostüm.

Die Anfertigung des Puppenkörpers wurde zuvor beschrieben. Da das Gesicht des Harlekins weiß geschminkt ist, wird der Kopf nicht in hautfarbener, sondern in weißer Wolle gestrickt.

Augenbrauen, Augenfalten und Mund sind mit groben Stichen aufgestickt, die Augen bestehen aus schwarzen Knöpfen mit 4 Löchern. Als Haare werden mit einer Häkelnadel schwarze Fransen aus 10 cm langen

Fäden eingeknüpft, und zwar 5–6 Reihen von den seitlichen Zunahmekanten aus über den Hinterkopf.

Der Spitzhut beginnt mit einem Ring aus 5 Luftmaschen.

1. Runde: in den Ring 8 feste Maschen häkeln.

2. und 3. Runde: ohne Zunahmen häkeln.

4. Runde: verteilt 3 feste Maschen zunehmen.

5. und 6. Runde: ohne Zunahmen häkeln.

7. Runde: verteilt 4 Maschen zunehmen.

Harlekin

8. und 9. Runde: ohne Zunahmen häkeln und in der 10. Runde 5 Maschen zunehmen.

So geht es weiter, immer 2 Runden ohne Zunahmen und 1 Runde mit 5 Maschen zunehmen, bis eine Maschenzahl von 50 erreicht ist, je nach Wollstärke einige Maschen mehr. Noch 2–3 Runden ohne Zunahmen für die Krempe häkeln, letzte Runde mit einer Kettmasche schließen.

Zum Schluß noch 3 Pompons annähen.

Für die Halskrause werden 35 Luftmaschen zu einem Ring geschlossen.

1. Runde: auf jede Luftmasche 1 feste Masche häkeln.

2. Runde: auf jede feste Masche 2 Stäbchen.

3. und 4. Runde: je 2 Stäbchen in jede Masche der Vorreihe wobei die Stäbchenrunden immer mit einer Kettmasche geschlossen und neue Runden mit 3 Luftmaschen anstelle des 1. Stäbchens gehäkelt werden.

Untere Kante einmal mit festen Maschen in Schwarz umhäkeln.

Für den karierten Anzug strickt man zunächst schwarz-weiße Streifen. 12 Maschen anschlagen. 18 Reihen kraus stricken. Dann die Farbe wechseln, mit der 2. Farbe auch 18 Reihen stricken; im Wechsel so weiter.

Benötigt werden 4 Streifen mit 4 Karos, 4 Streifen mit 9 Karos und 2 Streifen mit je 18 Karos. Darauf achten, daß später immer schwarze und weiße Karos nebeneinanderliegen.

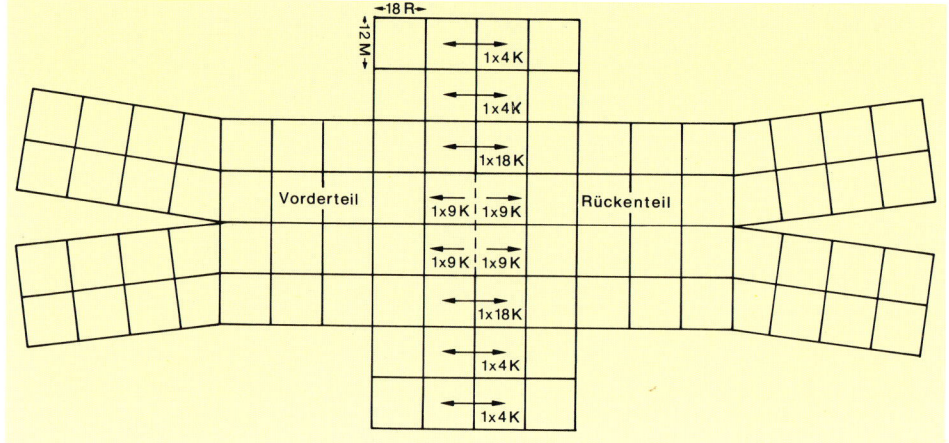

Alle Streifen von links zusammennähen. Arm- und Beinenden mit 1 Runde fester Maschen umhäkeln. Dann häkelt man 2–3 Runden Stäbchen, welche in jeder Runde verdoppelt werden.

Zum Schluß 4 Kordeln häkeln und vor den Rüschen einziehen. 3 Pompons als Zierde anbringen.

Je nach Wollstärke schlägt man für die Kniestrümpfe 22–24 Maschen an. Die Längen werden auf einem Nadelspiel im kleinen Rippenmuster gestrickt, wobei man die rechte Masche verschränkt arbeitet.

Ferse, Käppchen sowie Fuß und Fußspitze strickt man nach der gleichen Anleitung wie beim Puppenkörper.

Die Schuhe werden aus 2 Teilen gehäkelt.

Für die Sohle mit dicker Wolle 7 Luftmaschen anschlagen. Diese Luftmaschenkette rundum mit 14 festen Maschen behäkeln. Noch 6–8 Runden je nach Schuhgröße darüberhäkeln.

Um ein Wölben oder Zusammenziehen der Sohle zu vermeiden, werden in den ersten 3 Runden an Ferse und Fußspitze je 1, in den folgenden 3-4 Runden je 2 Maschen zugenommen.

Oberteil: Mit dicker Wolle 4 Luftmaschen anschlagen, in diese Luftmaschenkette 4 feste Maschen häkeln. Am Anfang des Oberteils in jeder 2. Reihe 3mal 1 feste Masche zunehmen und am Ende des Oberteils 3 feste Maschen abnehmen. Die Länge des Oberteils an dem Sohlenumfang abmessen.

Sohle und Oberteil werden an der Sohlenkante mit einer Runde fester Maschen zusammengehäkelt. Die Schuhe bekommen einen festen Halt, wenn man aus Pappe oder Plastik Einlegesohlen zuschneidet und einlegt.

Für die Schuhbänder 110 bis 120 Luftmaschen häkeln und in die Schuhe einziehen. Noch je einen kleinen Pompon auf die Schuhspitzen setzen.

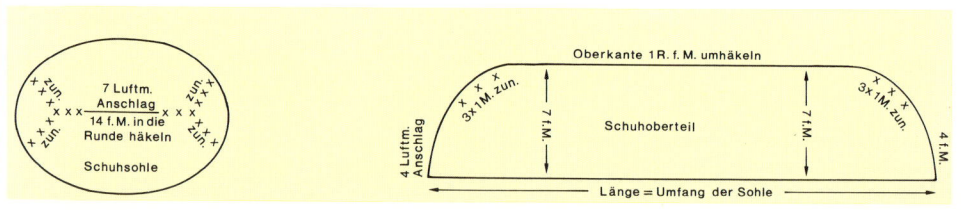

Zwei Clowns im Ringelhemd

Wer kennt ihn nicht, den Clown im roten Ringelhemd, so darf er also in der gestrickten Clownparade nicht fehlen.

Für das Ringelhemd wurden je nach Wollstärke 52–54 Maschen angeschlagen. Diese nun auf ein Nadelspiel verteilen. Das Hemd von unten nach oben glatt rechts stricken. Zuerst 6 Runden rot, dann abwechselnd 2 Runden weiß und 2 Runden rot.

Sind die Armausschnitte erreicht, wird die Maschenzahl für Vorder- und Rückenteil geteilt und jedes Teil bis zum Hals getrennt fertiggestellt.

Ärmel: 24–26 Maschen anschlagen, 3 Runden rot, dann abwechselnd 2 Runden weiß, 2 Runden rot je nach Armlänge etwa 11–12 cm stricken. Maschen abketten.

Die Ärmel einnähen. Hemdensaum mit 3 Runden nach links umnähen.

Mund und Augen aus Filz zurechtschneiden, mit kleinen Stichen aufnähen und besticken. Für die Pupillen schwarze Knöpfe mit weißem Garn annähen.

Die rote Knollennase wird gehäkelt: 3 Luftmaschen zum Ring schließen. 1. Runde: 6 feste Maschen in den Ring häkeln. 2 Runde: in jede feste Masche 2 Maschen häkeln. 3. und 4. Runde ohne Zunahmen häkeln, mit einer Kettmasche schließen. Nase ausstopfen und annähen.

Zwei Clowns im Ringelhemd

Die glatte Haarmähne des einen Clowns fertigt man aus Fransen. 10 cm lange Fäden werden dicht nebeneinander mit einer Häkelnadel durch die Strickmaschen gezogen und dann verknüpft.

Beim Strubbelkopf des 2. Clowns verfährt man genauso, nur werden die Wollfäden anschließend entgegen der Fadendrehung aufgezupft. Die Einzelfäden zeigen dann die typische Lockenwelle.

Beide Clowns bekommen eine Melone auf den Kopf, wobei sich die Oberseite des Hutes etwas wölbt, eine gehäkelte Blume dient als Zierde.

Für den Hut 3 Luftmaschen anschlagen und zum Ring schließen.

1. Runde: 6 feste Maschen in den Ring häkeln.

2. Runde: in jede 2. Masche 2 feste Maschen häkeln.

3. Runde: in jede 3. Masche 2 feste Maschen häkeln.

So geht es weiter bis einschließlich der 7. Runde. Nach jeder Runde liegt 1 Masche mehr zwischen den Zunahmen. Dann 2–3 Runden ohne Zunahmen häkeln. In der folgenden Runde in jede 2. Masche 2 feste Maschen häkeln.

Für die Hutkrempe 4–5 Runden je nach gewünschter Größe ohne Zunahmen häkeln. Man häkelt diese Runden locker oder verwendet dafür eine größere Häkelnadel.

Für den Schal 8 Maschen anschlagen, auf beiden Seiten rechts stricken. Man benötigt eine Länge von ungefähr 75 cm. Die beiden Schalenden zur Hälfte umlegen und annähen; so bekommt man abgeschrägte Enden.

Die Strümpfe und Schuhe werden wie beim Harlekin gefertigt. Clowns tragen aber meistens Schuhe, die ihnen ein paar Nummern zu groß sind, also einige Anschlagmaschen und einige Runden mehr häkeln.

Zum Schluß können Sie die Clowns noch mit originellen Accessoires schmücken.

Pierrot

Der Körper dieser kleinen Komödienfigur wird mit weißer Wolle gestrickt.

Die Augen sind sehr stark in Schwarz geschminkt. Aus einem Stück weißen Filz wird die Augenform geschnitten und mit Stoffarbe bemalt. Die überlangen Wimpern stickt man mit Stilstichen auf. Auch der spitze Mund ist gestickt.

Haare, Spitzhut, Strümpfe und Schuhe werden wie beim Harlekin gefertigt, ebenso die Halskrause.

Die karierte Hose besteht aus 4 Streifen mit je 7 Farbfeldern. Jeden Streifen mit 12 Anschlagmaschen beginnen. 18 Reihen kraus rechts stricken. Dann die Farbe wechseln. Darauf achten, daß später immer türkis- und lilafarbene Karos nebeneinander liegen.

Alle Streifen bis zum 3. Karo von links zusammennähen, dann jeweils 2 Streifen für die Hosenbeine. Die Beinenden mit 1 Runde fester Maschen behäkeln.

Die Rüschen bestehen aus 3 Runden Stäbchen, wobei die Stäbchen in jeder Runde verdoppelt werden. Damit die Hose pumpig wirkt, zieht man vor den Rüschen eine Kordel ein und bindet diese zu.

Am oberen Hosenrand noch einen Fadengummi einziehen.

Die Jacke wird auch kraus rechts gestrickt: 50 Maschen anschlagen, etwa 12 cm gerade hoch stricken. Dann an jeder Seite 22 Maschen für die Ärmel aufschlingen. Nach 7 cm die mittleren 30 Maschen für den Halsausschnitt abketten. In der nächsten Reihe wieder 30 Maschen aufschlingen. Noch 7 cm hoch stricken und an jeder Seite 22 Maschen abketten. Das Rückenteil genauso lang wie das Vorderteil stricken. Seiten- und Ärmelnähte von links schließen.

Pierrot

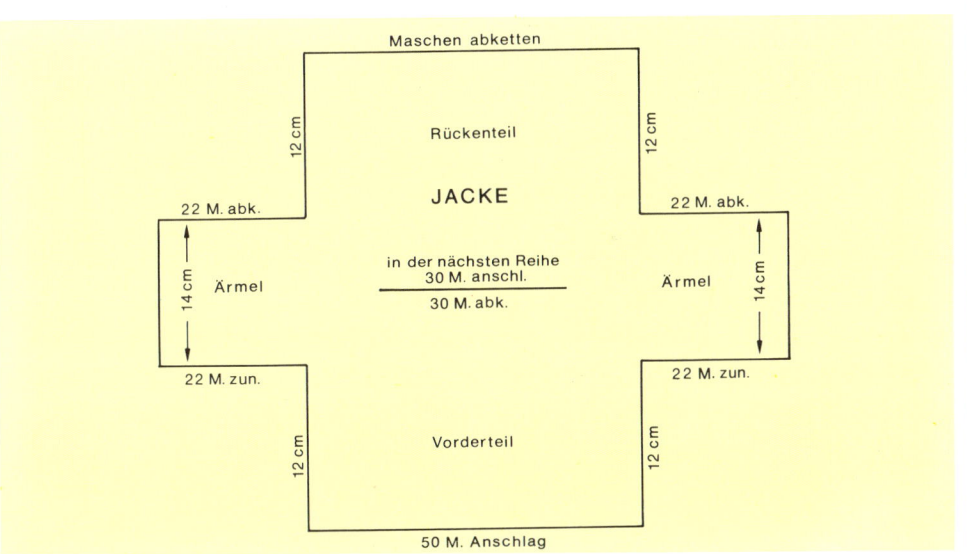

Maschen abketten

Rückenteil

JACKE

in der nächsten Reihe
30 M. anschl.

30 M. abk.

12 cm

12 cm

22 M. abk.

22 M. abk.

14 cm

14 cm

Ärmel

Ärmel

22 M. zun.

22 M. zun.

12 cm

12 cm

Vorderteil

50 M. Anschlag

Pinocchio

Das hölzerne Bengele wird in diesem Puppenreigen, wie alle anderen Puppen, nach der gleichen Grundform gestrickt. Nach seiner Fertigstellung schaut es so lustig in die Welt, wie sein hölzernes Vorbild. Wie man sieht, sind es Kleinigkeiten, die es von den anderen Puppen unterscheiden. So zum Beispiel: Nase, Augen, Ohren und die Kleidung.

Zuerst werden die schwarzen Haare aus 5 cm langen Wollfäden auf den Oberkopf geknüpft. Die Augen bestehen aus weißen und schwarzen runden Filzstücken. Sie werden mit kleinen Stichen oberhalb der auswattierten Wangen aufgenäht.

Die lange Nase ist gehäkelt: 3 Luftmaschen anschlagen und zum Ring schließen. In diesen Luftmaschenring, je nach Wollstärke, 6–8 feste Maschen häkeln. Für die Nasenlänge ohne Zunahmen 4 cm häkeln. Dann die Nase mit Watte ausstopfen und annähen. Der lachende Mund wird mit Stilstichen gestickt.

Für die Ohren 3 Luftmaschen anschlagen und in jede Masche 2 Stäbchen häkeln, annähen.

Nun will unser hölzernes Bengele ganz schnell seine Kleider haben: Man strickt eine kurze braune Hose, dazu einen weißen Pulli mit Schleife und dann eine grüne Jacke.

Für die Hose 52 Maschen anschlagen, auf 4 Stricknadeln verteilen und in Runden stricken. Nach 54 Runden die Arbeit teilen und die Beine getrennt in Runden weiterstricken. 3 Runden als Saum umschlagen und festnähen. Am oberen Hosenrand einen Fadengummi einziehen.

Der Pulli wird in 2 Teilen gestrickt. Je 26 Maschen anschlagen, das Bündchen über 8 Reihen in 1 links, 1 rechts stricken. Darauf achten, daß der Halsausschnitt im Vorderteil um 2 Reihen tiefer ist als im Rückenteil.

Das Schleifenband ist über 4 Maschen kraus rechts 30 cm lang gestrickt.

Für die Jacke 74 Maschen anschlagen. Rücken und beide Vorderteile werden bis zu den Armausschnitten an einem Stück kraus rechts gestrickt. Für die Armausschnitte nach etwa 8 cm beiderseits 2 Maschen abketten. Anschließend den Rücken und beide Vorderteile getrennt fertigstricken.

Am Halsausschnitt vorne auf jeder Seite zunächst 2 Maschen abketten,

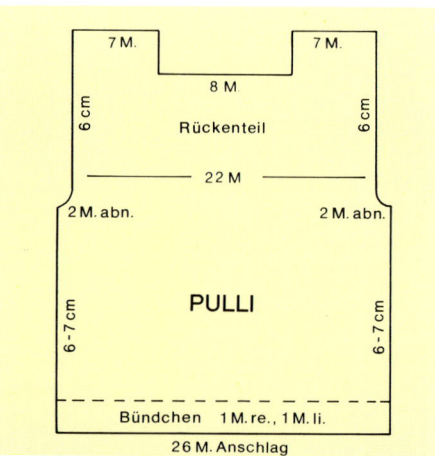

dann in jeder 2. Reihe 6 x 1 Masche. Für die Schulterbreite je 10 Maschen abketten.

Die Ärmel werden über 26 Maschen 10 cm gerade hoch gestrickt. Dann alle Nähte von links schließen und Knöpfe aufnähen. Wer will, kann die Kanten noch mit ein oder zwei Runden fester Maschen umhäkeln.

Socken und Schuhe werden wie beim Harlekin beschrieben gefertigt.

Zum Schluß bekommt Pinocchio noch einen roten Hut: 3 Luftmaschen anschlagen, zum Ring schließen. 1. Runde: 5 feste Maschen in den Ring häkeln. Von der 2. bis zur 12. Runde in jede 4. Masche 2 feste Maschen arbeiten. Die letzten 2 Runden ohne Zunahme häkeln.

Pinocchio

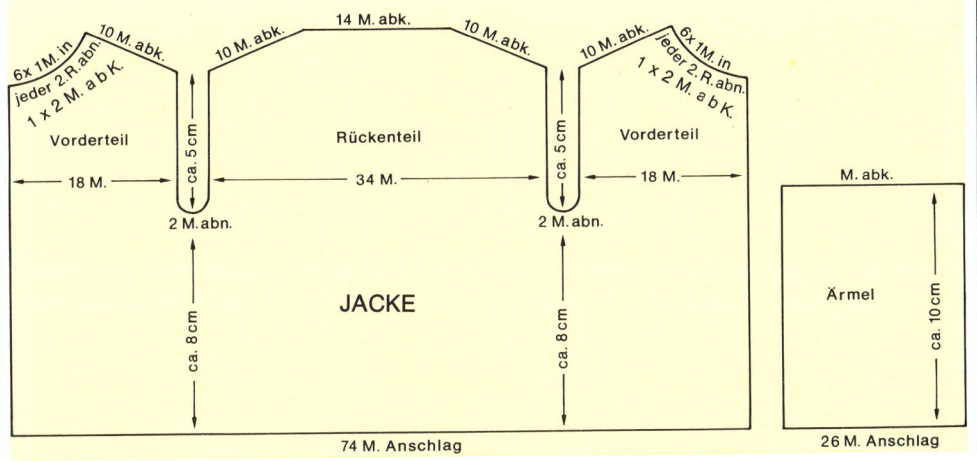

6x 1M. in jeder 2.R.abn.
1 x 2 M. a b K.

10 M. abk.

10 M. abk.

14 M. abk.

10 M. abk.

10 M. abk.

6x 1M. in jeder 2.R.abn.
1 x 2 M. a b K.

Vorderteil

ca. 5 cm

Rückenteil

ca. 5 cm

Vorderteil

M. abk.

← 18 M. →

← 34 M. →

← 18 M. →

2 M. abn.

2 M. abn.

ca. 8 cm

ca. 8 cm

JACKE

Ärmel

ca. 10 cm

74 M. Anschlag

26 M. Anschlag

Tante Olga

Mit dem Charme und dem Liebreiz älterer Damen ist Tante Olga überall ein gern gesehener Gast. Sie hat ihre Kleidung sorgfältig ausgesucht und für die Reise angezogen.

Der Pullover wird von oben mit einem Nadelspiel gestrickt. 48 Maschen anschlagen, für Vorder- und Rückenteil je 14 Maschen auf die Nadel nehmen, für die Ärmel je 10. Nach 2 Runden beginnen die Zunahmen für die Raglanärmel. Am Anfang der Nadel 1 Masche stricken, 1 zunehmen, 8 Maschen stricken, 1 Masche zunehmen, 1 Masche stricken; das gilt dann auch für die anderen Teile, bei Vorder- und Rückenteil liegen allerdings 12 Maschen dazwischen. Das Zunehmen wiederholt sich 7–8 mal in jeder 4. Runde.

Nun die Ärmel und den Pulli getrennt auf die gewünschte Länge stricken.

An die Ärmelkanten Stäbchenrüschen häkeln, dabei die Maschenzahl in jeder Runde verdoppeln.

Für den Rock 100 Luftmaschen anschlagen, zum Ring schließen und darüber mit Stäbchen die gewünschte Rocklänge häkeln. Rock und Pullover zusammennähen.

Die schön gestreifte Schürze entstand aus mehreren kleinen Wollresten: 30 Maschen anschlagen und glatt rechts 25–30 cm stricken. An den Seiten und der Unterkante werden Mausezäckchen angehäkelt.

Für das Schürzenband 120 Luftmaschen anschlagen und 2 Reihen feste Maschen oder 1 Reihe Stäbchen darüberhäkeln. Die obere Schürzenkante einhalten und mit kleinen Stichen unter das Band nähen.

Das Schultertuch ist auch als Kopftuch zu verwenden: Mit dünner Wolle 50 Maschen anschlagen und für diese Strickarbeit dicke Nadeln benutzen; das Tuch wird dadurch locker und weich. Man strickt ein Viereck im Perlmuster oder kraus rechts. Die Außenkanten des Tuches werden zum Schluß mit 1–2 Runden Luftmaschenbogen umhäkelt. Ein Bogen besteht aus 5 Luftmaschen, auch bei dieser Arbeit eine dicke Häkelnadel nehmen.

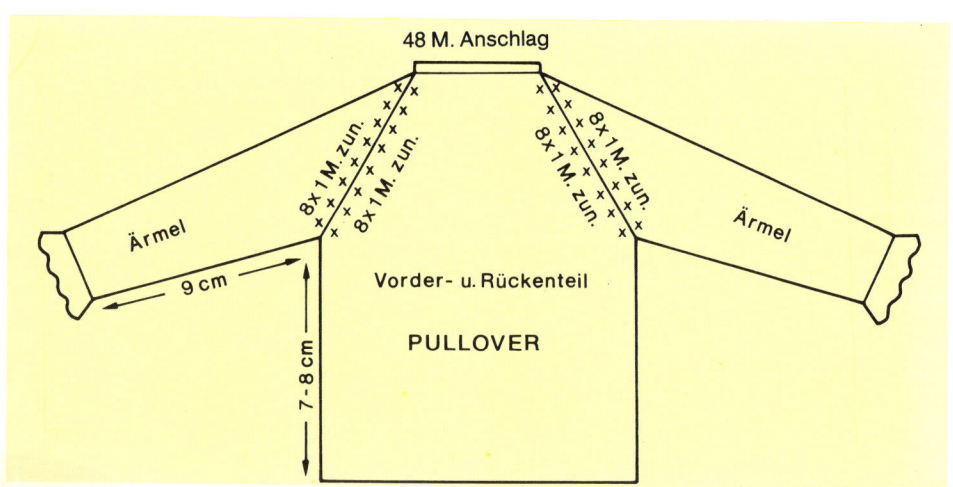

Tante Olga

Schuhe und Strümpfe fertigen, wie beim Harlekin beschrieben.

Jetzt muß noch der Kopf von Tante Olga gestaltet werden. Zuerst stickt man das Gesicht und näht schwarze Kugelknöpfe als Augen auf. Das Brillengestell wird aus einem Kupferdraht gebogen. Die Haare kann man aus feinfädiger grauer Wolle einknüpfen.

Für den großen Hut wird ein Bund Bast benötigt. 3 Luftmaschen anschlagen und zum Ring schließen. 1. Runde: 6 feste Maschen in den Ring häkeln. 2. Runde: in jede 2. Masche 2 feste Maschen.

So geht es weiter bis einschließlich der 7. Runde. Nach jeder Runde liegt 1 Masche mehr zwischen den Zunahmen. Dann 2–3 Runden ohne Zunahmen häkeln.

In den folgenden Runden in jede 2. Masche 2 feste Maschen häkeln, bis die Hutkrempe groß genug ist. Zum Schluß Band, Federn und Schleier an den Hut nähen.

Ach ja, Tante Olga hat doch auch noch eine elegante Ausgehtasche. Sie wird aus Bast mit festen Maschen nach Belieben gehäkelt.

Treschen

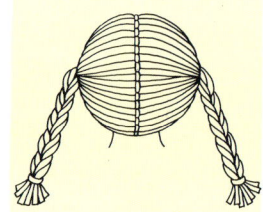

Treschen kommt aus der »Alten Welt«. Schneckenfrisur und Schürze waren zu Großmutters Zeiten sehr in Mode.

Pullover und Rock werden mit Streifenbordüren kraus rechts gestrickt. Maschenzahlen und Machart sind bei Tante Olga beschrieben.

Der weiße Bubikragen ist über 26 Luftmaschen gehäkelt. Bei den Rundungen häkelt man in jede Masche 2 Maschen. Das Schleifenband ist ungefähr 60 cm lang. 2 Reihen fester Maschen werden mit Mausezäckchen überhäkelt.

Für die Schürze je nach Wollstärke 100 bis 110 Maschen anschlagen, kraus rechts die gewünschte Höhe stricken. Alle Maschen locker abketten.

Mit festen Maschen oder Stäbchen einen Bund von 3 cm häkeln. Mit 6–8 festen Maschen 2 Träger häkeln, deren Länge gleichfalls an der Puppe abgemessen wird. Dann die obere Schürzenkante einreihen. An Bund- und Trägerkanten Mausezäckchen häkeln. Den Bund über die eingereihte Schürzenkante legen und mit kleinen, unsichtbaren Stichen annähen. Die Träger an Vorder- und Rückenteil unter den Bund legen und annähen.

Jetzt den Bund mit 2 kleinen Knöpfen schließen. Auf Knopflochösen kann bei Verwendung kleiner Knöpfe verzichtet werden.

Zwei kleine gehäkelte Rosetten, nach individuellem Geschmack, zieren die Schürze.

Das Spitzenhöschen wird mit weißer

Wolle locker gestrickt. 52 Maschen anschlagen, auf 4 Nadeln verteilen und in Runden stricken. Nach 54 Runden die Arbeit teilen und die Beinlänge getrennt bis zur gewünschten Länge stricken. Die Spitzenvolants sind gehäkelt, und zwar aus 3 Runden Mausezäckchen. Schwarze Luftmaschenbänder unter den Knien einziehen.

Strümpfe und Schuhe fertigen, wie es beim Harlekin beschrieben wurde.

Zum Schluß kommt der Kopf an die Reihe. Augenbrauen, Näschen und der spitze Mund werden aufgestickt; die Augen aus Filz aufgenäht.

Für die Schneckenfrisur 60–70 Wollfäden auf eine Länge von 60 cm zuschneiden, dann hintereinander über die Mitte des Kopfes legen und am Scheitelverlauf mit einer Steppnaht befestigen. Die Fäden in Ohrenhöhe zusammenfassen und mit je einem großen Steppstich auf den Kopf nähen. Die Fäden teilen, Zöpfe flechten, diese abbinden und schneckenförmig einrollen; mit unsichtbaren Stichen heften.

Mädchen im Afro-Look

Dieses gestrickte Girl trägt eine hochmodische Perlenfrisur und einen getupften Stoffkittel. Ungefähr 70 schwarze Wollfäden wurden mit einer Häkelnadel dicht nebeneinander auf dem Kopf eingezogen und wie Fransen verknüpft. Immer aus 3 oder 6 Fäden Zöpfe flechten und in unregelmäßigen Abständen bunte Perlen einziehen.

Augenbrauen, Näschen und Lippen sind mit kleinen Stielstichen aufgestickt, die Augen auf Filz gemalt.

Der Kittel ist ganz schnell genäht.

Schneiden Sie aus einem Stoffrest die Einzelteile laut Schnittmuster, und geben Sie an den Seiten 0,5 cm Nahtzugabe. Dann Ärmel- und Seitennähte von links schließen, Ärmel einsetzen. Die Kanten umsäumen und am Hals sowie an den Ärmeln eine Kordel zum Binden einziehen.

Für die Hose 52 Maschen anschlagen, auf 4 Nadeln verteilen und in Runden glatt rechts stricken. Nach 54 Runden die Arbeit teilen und die Beinlinge getrennt bis zur gewünschten Länge stricken. 3 Runden als Saum umschlagen und festnähen. Am Bund einen Fadengummi einziehen.

Schuhe und Strümpfe sind beim Harlekin beschrieben.

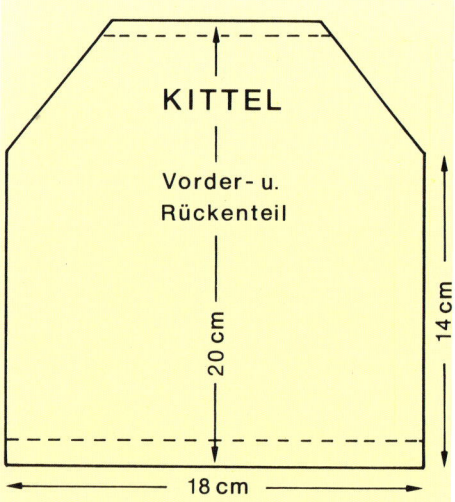

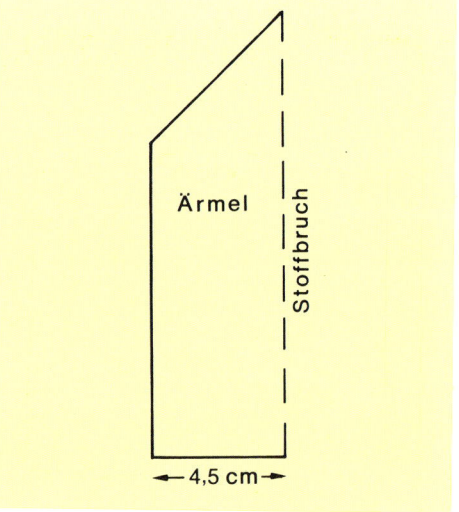

Trachtengruppe

Jedem bekannt sind die Trachten aus dem Bayernland. Liesel zog ihr schönstes Sonntagsdirndl an. Auch die beiden Seppl haben sich adrett gemacht.

Da Liesl heute im Mittelpunkt steht, wollen wir mit ihr beginnen: Der weiße Pulli ist nach dem gleichen Modell wie bei Tante Olga gestrickt, nur sind hier die Ärmel kurz. Die Rüschen am Halsausschnitt und an den Ärmelkanten wurden angehäkelt, jeweils 1 feste Masche, 4 Luftmaschen, 1 feste Masche in die übernächste Kettmasche.

Für das Mieder mit dünner Wolle 50 Luftmaschen anschlagen, zum Ring schließen und 12 Runden feste Maschen häkeln. Dann den Rücken über 22 Maschen 8 Reihen gerade hoch häkeln. Rechts und links außen über je 7 Maschen getrennt die Träger arbeiten, diese vorne annähen. Als Verschnürung eine Luftmaschenkette häkeln und immer über Kreuz annähen.

Das Dirndlröckchen wird von oben nach unten gehäkelt, direkt an das Mieder.

1. Runde: 50 Stäbchen häkeln, jede Runde mit einer Kettmasche schließen, stets 3 Luftmaschen anstelle des 1. Stäbchens häkeln.

2. Runde: 100 Stäbchen häkeln.

3. Runde: soll das Röckchen sehr weit sein, 20–25 Stäbchen verteilt zunehmen.

4–8 Runden je nach Länge des Rokkes ohne Zunahmen häkeln.

An der unteren Kante eine Rüsche anhäkeln.

Das Schürzchen hat ein schickes Lochmuster. 60 Maschen anschlagen, 8 Reihen glatt rechts stricken. Dann 1 Reihe links, in der nächsten Reihe je 2 Maschen verkreuzen, 1 Reihe links. Darüber 8 Reihen glatt rechts und das Lochmuster wiederholen. Noch 24 Reihen glatt rechts stricken und abketten. Rundherum eine Rüsche aus 2 Reihen Luftmaschenbögen häkeln.

Für das Schürzenband 120 Luftmaschen anschlagen und 2 Reihen feste Maschen darüberhäkeln. Die obere Schürzenkante leicht einhalten und das Band annähen.

Schuhe und Strümpfe sind wieder wie beim Harlekin gearbeitet.

Für die Zopffrisur schneidet man etwa 70 Wollfäden zurecht und näht sie mit Steppstichen entlang der Scheitellinie hintereinander fest. In Ohrhöhe werden sie zusammengefaßt, mit einem großen Stich an den Kopf genäht und zu Zöpfen geflochten.

Der Trachtenhut ist bei allen 3 Puppen gleich, nur unterschiedlich groß. 3 Luftmaschen anschlagen, zum Ring schließen. 5 feste Maschen in den Ring häkeln. Von der 2. bis zur letzten Runde in jede 4. Masche 2 feste Maschen arbeiten.

Dann den Hut lustig schmücken und noch das Gesicht nach Belieben aufsticken. Mit einem Farbstift Wangenrot aufmalen.

Die beiden Seppl sind fast wie Zwillinge gekleidet. Die Pullover wurden wie der von Liesel gestrickt, nur mit einem kleinen Kragen statt Rüsche.

Die rote Krawatte häkelt man als schmales Band.

Die Jackenmodelle können Sie bei Pinocchio ablesen. Kniebundhose und »Lederhose« haben jeweils einen Latz. 16 Maschen anschlagen, rechts und links je 3 Maschen kraus rechts stricken, die übrigen Maschen glatt rechts. Die Latzhöhe an der Hose abmessen und oben mit 3 Reihen kraus rechts beenden. Den Latz an 3 Seiten mit 1 Reihe fester Maschen in Grün umhäkeln.

Die Hosenträger mit je 40 Luftmaschen anschlagen, 3 Reihen feste Maschen darüberhäkeln. Zwischenstück: 14 Luftmaschen anschlagen, 4 Reihen feste Maschen häkeln.

Die Kanten mit einer Reihe fester Maschen umhäkeln, Träger und Zwischenstück zusammennähen. Latz und Träger an der Hose annähen.

Und um es ganz zünftig zu machen, bekommen unsere Seppl noch Wadenstutzen. Anschlag: 24 Maschen. Insgesamt 12 Runden, 1 Masche rechts, 1 links stricken, dabei am oberen Rand die 3. und 4. Runde, am unteren die 9. und 10. Runde mit grüner Wolle stricken.

Die Socken ebenfalls 2 mal 2 Runden mit grüner Wolle stricken.

Die Sepplschuhe haben zunächst Ähnlichkeit mit zu kurz geratenen Socken. Sie werden auch wie diese gestrickt.

Mit dicker Wolle 26 Maschen anschlagen, 2–3 Runden glatt rechts stricken. Dann für den Oberfuß 14 Maschen ungestrickt lassen. Mit 12 Maschen = 8 Reihen für die Ferse stricken, anschließend das Fersenkäppchen und den Fuß wie beim Puppenkörper stricken. Schuhoberteil und Sohle an den Kanten zusammennähen und eine Sohle aus Pappe einlegen. Schuhbänder seitlich gekreuzt einziehen und binden.

Zenzi von der Alm

Zenzi will Urlaub machen und hat sich ein modernes Trachtenkostüm maßgefertigt.

Das Glockenröckchen hat in der Taille 50 Maschen. Das Muster ist glatt rechts. 2 Runden stricken, in der 3. Runde 5 Maschen gleichmäßig verteilt zunehmen, 4. und 5. Runde ohne Zunahmen stricken, 6. Runde 10 Maschen gleichmäßig verteilt zunehmen. Diese Zunahmen je nach gewünschter Rockweite noch 4–5mal oder auch

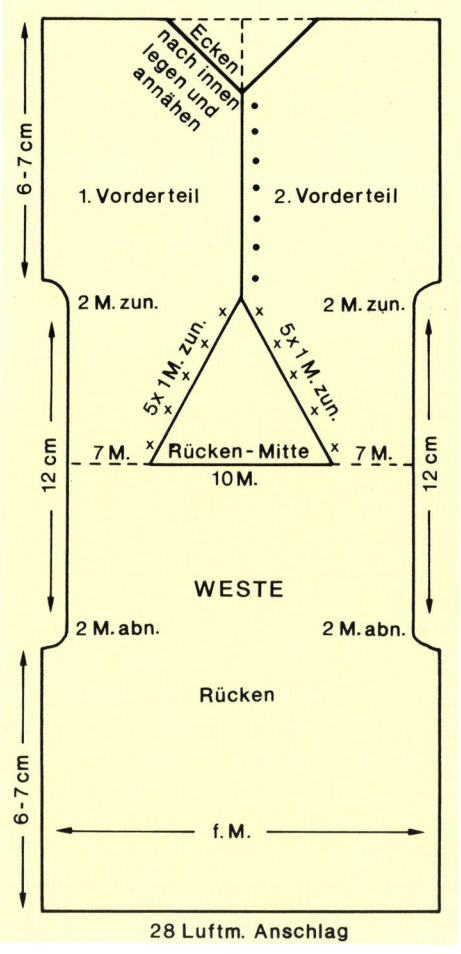

Zenzi von der Alm

mehr in jeder folgenden 3. Runde wiederholen.

Bei erreichter Rocklänge für die Saumkante 1 Runde links stricken; anschließend 4–5 Runden glatt rechts. Für die Saumkante 2 Runden mit grüner Wolle stricken.

Gürtel häkeln und an der oberen Rockkante anbringen.

Die grüne Weste wird wie folgt gehäkelt. Man beginnt mit dem Rücken über 28 Luftmaschen. 6–7 cm gerade hoch feste Maschen häkeln. Dann an jeder Seite 2 Maschen abnehmen und 6 cm weiterhäkeln. In der Mitte 10 Maschen ruhen lassen. Für den spitzen Ausschnitt an jeder Seite 5mal 1 Masche zunehmen, bis wieder 14 Ma-

schen in der Reihe sind. Rechts und links je 2 Maschen zunehmen und 6–7 cm gerade hoch häkeln.

Die Ecken nach innen legen und annähen. Halsausschnittkanten und Armausschnitte mit 2 Reihen fester Maschen umhäkeln. Die Seitennähte schließen und Knöpfe aufnähen.

Der Pullover wird wie bei Liesel gestrickt, jedoch diesmal mit langen Ärmeln.

Die weißen Strümpfe seitlich mit Quasten versehen und zünftige Sepplschuhe arbeiten. Der Sepplhut wird mit Federn geschmückt.

Die goldblonden Haare faßt man in Ohrhöhe zusammen und bindet eine rote Schleife ein.

Elegante Dame mit Pudeln

Elegante Dame mit Pudeln

Zum Promenieren hat sie ihren »großen Staat« angelegt. Ob wohl ein passender Freier heut' zu finden ist?

Das enganliegende Kleid mit dem weiten langen Rock ist wie Liesels Dirndlkleid gearbeitet, allerdings folgen nach je 2 Stäbchenrunden 2 Runden feste Maschen in einer anderen Farbe. Der Halsausschnitt ist mit einer Reihe fester Maschen umhäkelt, darüber kommt 1 Reihe Mausezäckchen.

Die Pompadourärmel häkelt man aus dünner Wolle. 20 Luftmaschen zum Ring schließen, 20 Runden feste Maschen darüberhäkeln. Dann in jede Masche 2 feste Maschen arbeiten und 15 Runden ohne weitere Zunahmen häkeln. Die Ärmel einnähen, unterhalb des Puffärmels eine Kordel einziehen und die Ärmelkante mit Mausezäckchen umhäkeln.

Für den Ausschnitteinsatz 26 Maschen anschlagen, 6 Reihen feste Maschen häkeln. Rechts und links über 8 Maschen getrennt je 14 Reihen häkeln, auf der anderen Seite Kugelknöpfe annähen. Den Einsatz mit unsichtbaren Stichen befestigen.

Schuhe und Strümpfe werden wie beim Harlekin gearbeitet.

Jetzt wird Madame das Gesicht aufgestickt; nicht vergessen, das Wangenrouge zu malen.

Die lockige Haarpracht näht man aus aufgeribbelten Wollfäden auf, die seitlich zu kleinen Tuffs abgebunden werden.

Zum Schluß erhält unsere Puppe den pompösen Hut: 3 Luftmaschen zum Ring schließen, 6 feste Maschen hineinhäkeln. In den weiteren Runden so viele Maschen verteilt zunehmen, daß eine flache runde Platte von 12 cm entsteht.

Mit einer andersfarbigen Wolle 3 Stäbchen in 1 feste Masche häkeln, dann 6 Luftmaschen, in die 5. feste Masche wieder 3 Stäbchen, 3 Luftmaschen, 3 Stäbchen in die übernächste feste Masche usw.

In der 2. Runde 6 Stäbchen um die Kette aus 3 Luftmaschen der Vorreihe, 3 Luftmaschen, 1 feste Masche über die 1. Runde in die letzte Runde der Platte stechen, wieder 3 Luftmaschen, 6 Stäbchen usw. Den Hut mit einer eingezogenen Kordel wie eine Badehaube zusammenziehen und aufsetzen.

Die zwei lustigen Pudel haben wir aus je 3 großen und 9 kleinen Pompons zusammengenäht. Die Augen sind Glasknöpfe, die rote Zunge ein Filzstreifen.

Fußballspieler

Es gibt unzählige Kickerfans, welche die Farben »ihres« Vereins tragen und zeigen. Was für eine Freude, wenn er gar den Star seiner Mannschaft als Puppe verehrt bekommt, die selbst im Auto dekorativ ihren Platz erhält. Eine ganze »Elf« ist natürlich ein besonderes Geschenk.

Das Trikothemd wird von einem Ärmel zum anderen gestrickt. Man beginnt mit 26 Maschen. Ungefähr 8 Reihen für das Bündchen werden 1 Masche rechts, 1 Masche links gearbeitet, dann glatt rechts.

Ab der Ellbogenhöhe in jeder 3. Reihe an beiden Seiten je 1 Masche zunehmen, insgesamt 3mal. Danach je 10 Maschen aufschlingen.

Vom Ärmelbund bis zum Beginn des Halsausschnittes muß das Gestrick etwa 15 cm hoch sein, dann die mittleren 2 Maschen abketten und Vorder- sowie Rückenteil getrennt 9 cm stricken. Jetzt die 2 Maschen wieder aufnehmen und den Pullover gegengleich fertigstricken. Die Bündchen am Hals und an der Taille werden nach dem Zusammennähen angestrickt.

Dann auf dem Vorderteil des Trikots ein Wappen (das des bevorzugten Vereins) aufnähen, auf dem Rückenteil eine Zahl (die Fans wissen, welche Nummer ihr Idol trägt) aufsticken.

Die Hose ist nach der gleichen Machart, wie Pinocchio sie trägt, entstanden, nur wird hier am Bund eine gedrehte Kordel eingezogen. Die Streifenmuster auf Ärmel und Hose werden mit kleinen, dichten Überwendlingsstichen aufgestickt.

Schuhe und Strümpfe sind beim Harlekin beschrieben.

Nun bekommen »unsere« Spieler noch ihre charakteristischen Gesichter und Frisuren. Mit einer Häkelnadel zieht man dicht nebeneinander etwa 8 cm lange Wollfäden ein und verknüpft sie wie Fransen. Die krausen Lockenköpfe entstehen, wenn man die Wollfäden in ihre Einzelfäden zerlegt.

Schauen Sie sich auf einem Foto die Gesichter der Fans genau an, und versuchen Sie dann diese sehr treffend zu sticken oder aufzumalen.

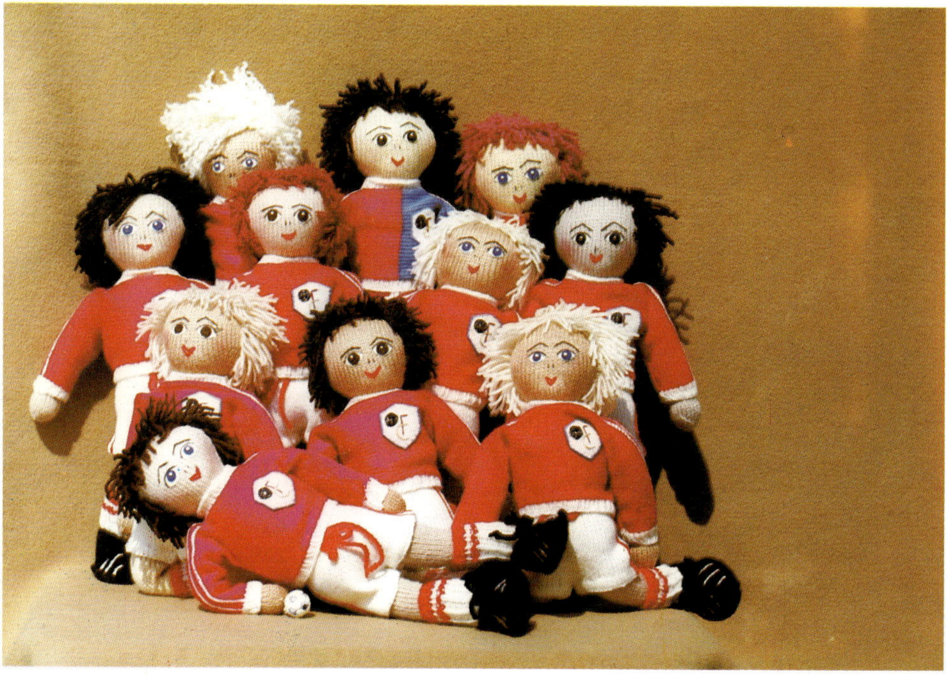

Fußballspieler

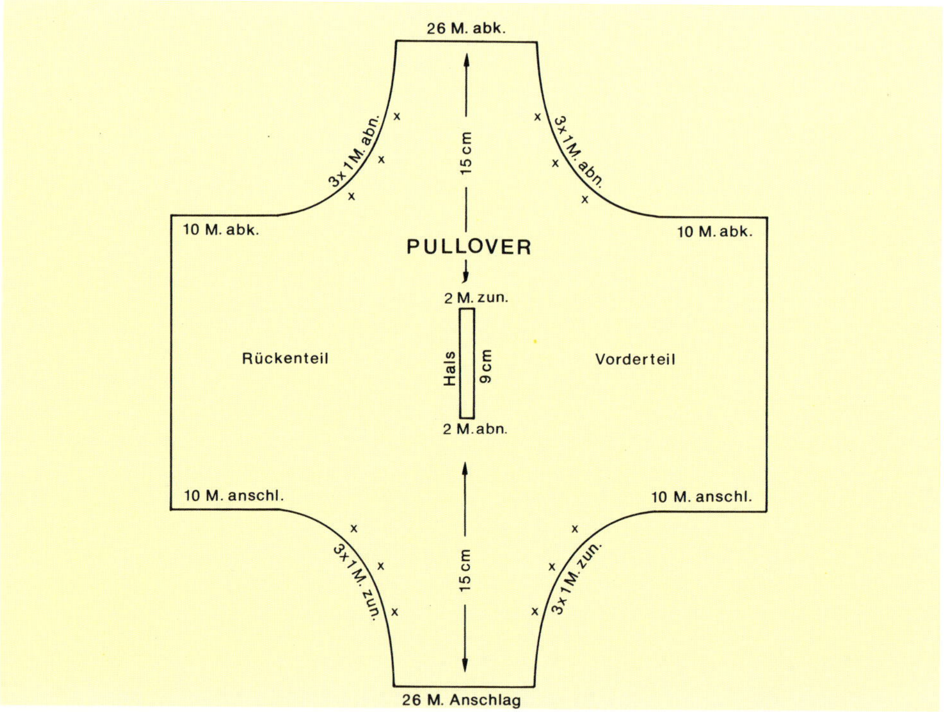
26 M. abk.
3x1M. abn.
x
x
x
15 cm
3x1M. abn.
x
x
x
10 M. abk.
10 M. abk.
PULLOVER
2 M. zun.
Rückenteil
Hals
9 cm
Vorderteil
2 M. abn.
10 M. anschl.
10 M. anschl.
3x1M. zun.
x
x
x
15 cm
3x1M. zun.
x
x
x
26 M. Anschlag